# Análisis y Estudio de la Investigación Académica Internacional en Trabajo Social

Mª Angeles Martínez Sánchez

Granada, 23 de Septiembre de 2013

## Prólogo

Este libro presenta un estudio de la investigación académica internacional desarrollada el área de Trabajo Social en los últimos 5 años de acuerdo a las principales revistas internacionales del área de Trabajo Social según el Web of Science. De esta forma descubrimos los avances más recientes desarrollados en el área y los principales protagonistas de los mismos.

# Índice

# 1. Propósito

El objetivo principal de este estudio es hacer un análisis bibliométrico del campo de Trabajo Social en la esfera internacional en los últimos 5 años. Los objetivos para conseguirlo son:

- Delimitar el campo de investigación utilizando diferentes métodos bibliométricos. Estos métodos nos permiten analizar la situación y evolución del campo Internacional en los últimos 5 años.

- Llevar a cabo un Análisis Cuantitativo del campo Internacional en los últimos 5 años en Trabajo Social.

- Llevar a cabo un Análisis Cualitativo del campo Internacional en los últimos 5 años en Trabajo Social.

## 2. Analisis Cuantitativo del Área de Trabajo Social a Nivel Internacional en los Últimos Cinco Años.

En esta parte nos centramos en analizar cuantitativamente el área de Trabajo Social en la esfera Internacional en los últimos 5 años, teniendo en cuenta las bases de datos bibliográficas de referencia Internacional que edita Thomson Reuters, es decir, el Web of Science y el Journal Citation Reports (JCR) de Social Science.

Para realizar este tipo de Analisis Cuantitativo nos centraremos en cuatro aspectos:

- Número de publicaciones
- Revistas en las que se ha publicado
- Autores más productivos en JCR de Trabajos Social.
- Número de publicaciones por Universidad.

El número de publicaciones que hemos encontrado (articles y review) son un total de 11184 que mostramos distribuidos por años en la tabla 1. Como puede verse el número de publicaciones se ha mantenido constante en torno a las 2000 publicaciones por año en los últimos cinco años.

| Año de públicaciones | Número de publicaciones |
|---|---|
| 2011 | 2367 |
| 2012 | 2353 |
| 2010 | 2291 |
| 2009 | 2142 |
| 2008 | 2031 |

**Tabla 1.** Número de publicaciones por año

La distribución de publicaciones por revista es dada en la tabla 2, destacando las revistas CHILDREN AND YOUTH SERVICES REVIEW y BRITISH JOURNAL OF SOCIAL WORK como las que más publicaciones han realizado sobre el área.

| Revista | Número de publicaciones |
|---|---|
| CHILDREN AND YOUTH SERVICES REVIEW | 1147 |
| BRITISH JOURNAL OF SOCIAL WORK | 845 |
| CHILD ABUSE NEGLECT | 539 |
| HEALTH SOCIAL CARE IN THE COMMUNITY | 436 |
| RESEARCH ON SOCIAL WORK PRACTICE | 434 |
| JOURNAL OF SOCIAL POLICY | 423 |
| AMERICAN JOURNAL OF COMMUNITY PSYCHOLOGY | 361 |
| INTERNATIONAL SOCIAL WORK | 355 |
| JOURNAL OF COMMUNITY PSYCHOLOGY | 353 |
| SOCIAL POLICY ADMINISTRATION | 331 |
| INTERNATIONAL JOURNAL OF SOCIAL WELFARE | 327 |
| CHILD FAMILY SOCIAL WORK | 315 |
| FAMILIES IN SOCIETY THE JOURNAL OF CONTEMPORARY SOCIAL SERVICES | 303 |
| SOCIAL WORK IN HEALTH CARE | 302 |
| CHILDREN SOCIETY | 297 |
| EUROPEAN JOURNAL OF SOCIAL WORK | 282 |
| CLINICAL SOCIAL WORK JOURNAL | 276 |
| AFFILIA JOURNAL OF WOMEN AND SOCIAL WORK | 271 |
| FAMILY RELATIONS | 265 |
| JOURNAL OF SOCIAL WORK | 258 |
| JOURNAL OF SOCIAL WORK EDUCATION | 237 |
| SOCIAL SERVICE REVIEW | 228 |
| SOCIAL WORK | 227 |
| CHILD ABUSE REVIEW | 215 |
| JOURNAL OF SOCIAL WORK PRACTICE | 203 |
| ADMINISTRATION IN SOCIAL WORK | 192 |
| JOURNAL OF SOCIAL SERVICE RESEARCH | 186 |
| REVISTA DE CERCETARE SI INTERVENTIE SOCIALA | 181 |
| HEALTH SOCIAL WORK | 175 |
| SOCIAL WORK IN PUBLIC HEALTH | 170 |
| CHILD MALTREATMENT | 167 |

| | |
|---|---|
| AUSTRALIAN SOCIAL WORK | 162 |
| SMITH COLLEGE STUDIES IN SOCIAL WORK | 147 |
| SOCIAL WORK RESEARCH | 139 |
| AUSTRALIAN JOURNAL OF GUIDANCE AND COUNSELLING | 127 |
| LJETOPIS SOCIJALNOG RADA | 118 |
| ASIA PACIFIC JOURNAL OF SOCIAL WORK AND DEVELOPMENT | 102 |
| TRAUMA VIOLENCE ABUSE | 88 |

**Tabla 2.** Número de publicaciones por cada revista

En cuanto a los autores más productivos, en la Tabla 3 presentamos una lista de los mismos, destacando los profesores Manthorpe y Hodge con 45 y 41 publicaciones respectivamente.

| Autores | Número publicaciones |
|---|---|
| MANTHORPE J | 45 |
| HODGE DR | 41 |
| SMITH M | 27 |
| STEVENS M | 26 |
| GINSBERG L | 25 |
| DOMINELLI L | 22 |
| THOMAS N | 22 |
| BARTH RP | 21 |
| GRAY M | 20 |
| HESSLE S | 20 |
| HOWARD MO | 20 |
| PAYLOR I | 20 |
| GLENDINNING C | 19 |
| HUSSEIN S | 19 |
| JENSEN NR | 19 |
| STANLEY N | 19 |
| THOMPSON R | 19 |
| AXFORD N | 17 |
| JONSON-REID M | 17 |
| APPLETON JV | 16 |
| AUERBACH C | 16 |
| CAMPBELL J | 16 |
| CHEUNG CK | 16 |
| HONG JS | 16 |
| POWELL WE | 16 |
| WANDERSMAN A | 16 |
| AJDUKOVIC M | 15 |
| BRIGGS S | 15 |
| CAMPBELL M | 15 |
| DRAKE B | 15 |
| GORIN SH | 15 |
| HALL C | 15 |
| KIM J | 15 |

| | |
|---|---|
| THYER BA | 15 |
| VAUGHN MG | 15 |
| BRAYE S | 14 |
| GREVE B | 14 |
| HACKETT S | 14 |
| HOLLAND S | 14 |
| MORIARTY J | 14 |
| PINKERTON J | 14 |
| BOGO M | 13 |
| FROGGETT L | 13 |
| GARRETT PM | 13 |
| HEALY K | 13 |
| JAMES A | 13 |
| KIM H | 13 |
| LEE Y | 13 |
| LESLIE LK | 13 |
| LYONS K | 13 |
| MISHNA F | 13 |
| ROSS-SHERIFF F | 13 |
| STOESZ D | 13 |
| TROCME N | 13 |
| WOODHEAD M | 13 |
| BASHAM K | 12 |
| BENBENISHTY R | 12 |
| CHEUNG M | 12 |
| DAVIES L | 12 |
| DUBOWITZ H | 12 |
| FINKELHOR D | 12 |
| FORRESTER D | 12 |
| HUANG CC | 12 |
| KORNBECK J | 12 |
| LEE J | 12 |
| LOMBE M | 12 |
| NETTEN A | 12 |
| PITHOUSE A | 12 |
| POMEROY EC | 12 |
| RAPAPORT J | 12 |
| REGEHR C | 12 |
| WHITE S | 12 |
| ANTHONY EK | 11 |
| AUSTIN MJ | 11 |
| BAKER LM | 11 |
| BARBEE AP | 11 |
| BECKERMAN NL | 11 |
| BROADHURST K | 11 |
| CHAFFIN M | 11 |
| COURTNEY ME | 11 |
| DARLINGTON Y | 11 |
| DEVANEY J | 11 |
| FALLON B | 11 |

| | |
|---|---|
| HAWKINS JD | 11 |
| KHOURY-KASSABRI M | 11 |
| MARSIGLIA FF | 11 |
| MARTINEZ-BRAWLEY EE | 11 |
| MURDACH AD | 11 |
| PARTON N | 11 |
| PELED E | 11 |
| PERKINS DD | 11 |
| POLLACK D | 11 |
| POWELL M | 11 |
| RUNYAN DK | 11 |
| SHAW I | 11 |
| SOYDAN H | 11 |
| TAYLOR C | 11 |
| TURBETT C | 11 |
| WEISS-GAL I | 11 |

**Tabla 3.** Número de publicaciones por Autor con más de 10 publicaciones

En cuanto a las universidades más productivas, en la Tabla 4 presentamos los centros que más han publicado en el área de Trabajo Social en los últimos 5 años. Destacamos que casi la mayoría son universidades americanas o inglesas, y que no aparece ninguna española.

| Universidad | Número de Publicaciones |
|---|---|
| UNIV ILLINOIS | 219 |
| UNIV N CAROLINA | 209 |
| ARIZONA STATE UNIV | 170 |
| UNIV MICHIGAN | 167 |
| UNIV MARYLAND | 166 |
| UNIV TORONTO | 145 |
| UNIV WASHINGTON | 138 |
| COLUMBIA UNIV | 131 |
| WASHINGTON UNIV | 121 |
| UNIV SO CALIF | 119 |
| NYU | 108 |
| RUTGERS STATE UNIV | 105 |
| UNIV CHICAGO | 103 |
| UNIV QUEENSLAND | 95 |
| UNIV TEXAS AUSTIN | 95 |
| UNIV PENN | 93 |
| MICHIGAN STATE UNIV | 90 |
| UNIV LANCASTER | 90 |
| UNIV YORK | 90 |

| | |
|---|---|
| UNIV BIRMINGHAM | 88 |
| UNIV PITTSBURGH | 87 |
| FLORIDA STATE UNIV | 85 |
| KINGS COLL LONDON | 83 |
| UNIV CALIF BERKELEY | 76 |
| SMITH COLL | 74 |
| UNIV GEORGIA | 74 |
| QUEENS UNIV BELFAST | 73 |
| HEBREW UNIV JERUSALEM | 72 |
| UNIV KANSAS | 72 |
| UNIV WISCONSIN | 72 |
| OHIO STATE UNIV | 69 |
| UNIV CALIF LOS ANGELES | 69 |
| UNIV LONDON | 67 |
| UNIV MISSOURI | 67 |
| SUNY ALBANY | 66 |
| VIRGINIA COMMONWEALTH UNIV | 66 |
| UNIV MINNESOTA | 65 |
| WAYNE STATE UNIV | 64 |
| TEL AVIV UNIV | 62 |
| UNIV BRISTOL | 62 |
| UNIV UTAH | 62 |
| UNIV CALGARY | 61 |
| BOSTON UNIV | 59 |
| PORTLAND STATE UNIV | 58 |
| UNIV MANCHESTER | 58 |
| UNIV S CAROLINA | 58 |
| FORDHAM UNIV | 57 |
| BRIGHAM YOUNG UNIV | 56 |
| STOCKHOLM UNIV | 56 |
| UNIV TENNESSEE | 56 |
| BAR ILAN UNIV | 55 |
| UNIV DENVER | 54 |
| UNIV E ANGLIA | 54 |
| BOSTON COLL | 53 |
| MONASH UNIV | 53 |
| UNIV EDINBURGH | 53 |
| UNIV KENTUCKY | 53 |
| YESHIVA UNIV | 53 |
| UNIV ALABAMA | 52 |
| PENN STATE UNIV | 51 |
| UNIV SHEFFIELD | 51 |
| MCGILL UNIV | 50 |
| UNIV HONG KONG | 50 |
| UNIV NEW HAMPSHIRE | 50 |
| UNIV S FLORIDA | 50 |
| UNIV STIRLING | 49 |
| GEORGIA STATE UNIV | 48 |
| UNIV DURHAM | 48 |

| | |
|---|---|
| UNIV NOTTINGHAM | 48 |
| CARDIFF UNIV | 47 |
| OPEN UNIV | 47 |
| UNIV HAIFA | 47 |
| UNIV SYDNEY | 46 |
| UNIV CENT LANCASHIRE | 45 |
| UNIV NEW S WALES | 45 |
| UNIV NEWCASTLE | 44 |
| UNIV TEXAS ARLINGTON | 44 |
| NATL UNIV SINGAPORE | 43 |
| UNIV HOUSTON | 42 |
| UNIV KENT | 42 |
| UNIV OXFORD | 42 |
| LONDON SCH ECON | 41 |
| MCMASTER UNIV | 41 |
| UNIV PLYMOUTH | 41 |
| UNIV ZAGREB | 41 |
| CITY UNIV HONG KONG | 40 |
| HARVARD UNIV | 40 |
| SAN DIEGO STATE UNIV | 40 |
| UNIV CONNECTICUT | 40 |
| UNIV SUSSEX | 40 |
| DUKE UNIV | 39 |
| UNIV BRITISH COLUMBIA | 39 |
| UNIV OKLAHOMA | 39 |
| VANDERBILT UNIV | 39 |
| CUNY HUNTER COLL | 38 |
| DEAKIN UNIV | 38 |
| QUEENSLAND UNIV TECHNOL | 38 |
| UNIV MELBOURNE | 38 |
| CHINESE UNIV HONG KONG | 37 |
| GRIFFITH UNIV | 36 |
| HONG KONG POLYTECH UNIV | 36 |
| UNIV AUCKLAND | 36 |
| UNIV HUDDERSFIELD | 36 |
| HOWARD UNIV | 35 |
| UNIV GOTHENBURG | 35 |
| CASE WESTERN RESERVE UNIV | 34 |
| SUNY BUFFALO | 34 |
| UNIV SALFORD | 34 |
| UNIV WARWICK | 34 |
| CUNY | 33 |
| JOHNS HOPKINS UNIV | 33 |
| TEMPLE UNIV | 33 |
| UNIV IOWA | 33 |
| ALEXANDRU IOAN CUZA UNIV | 32 |

| | |
|---|---|
| ST LOUIS UNIV | 32 |
| ANGLIA RUSKIN UNIV | 31 |
| LOYOLA UNIV | 31 |
| UNIV LONDON LONDON SCH ECON POLIT SCI | 31 |
| UNIV SOUTHAMPTON | 31 |
| UNIV WESTERN ONTARIO | 31 |
| WILFRID LAURIER UNIV | 31 |
| UNIV BATH | 30 |
| UNIV NEVADA | 30 |

**Tabla 4.** Número de publicaciones por Universidad con más de 30 publicaciones.

# 3 Análisis Cualitativo a nivel Internacional en los últimos cinco años.

En esta parte nos centramos en analizar cualitativamente el área de Trabajo Social en la esfera Internacional en los últimos 5 años, de nuevo, teniendo en cuenta las bases de datos bibliográficas de referencia Internacional que edita Thomson Reuters, es decir, el Web of Science y el JCR de Social Sciences. Para ello usamos el software bibliométrico Scimat que nos permite descubrir las temáticas principales existentes en Trabajo Social a nivel internacional. Usaremos las publicaciones del área y las citas generadas de acuerdo al Web of Science.

Como hemos comentado anteriormente, un total de 11184 de artículos fueron publicados en 38 revistas indexadas en el JCR-2013 en "Trabajo social" desde 2008 hasta 2012.

El número de palabras clave válidas que satisfacen los parámetros de Frecuencia Mínima y Min concurrencia son 17783(ver Tabla 5). Este parámetro es necesario para iniciar nuestro análisis con la herramienta Scimat, una vez que hemos cargado los artículos.

| | |
|---|---|
| **Frecuencia Mínima** | 12 |
| **Min concurrencia** | 12 |
| **Nº de Palabras clave** | 17783 |

**Tabla 5.** Datos de Frecuencia Min, Min concurrencia, Nº de Palabras clave

En la Tabla 6 se muestran los temas detectados automáticamente por Scimat, que son un total de 22 temas. Estos temas se detectan mediante el análisis de co-ocurrencia y grupo de palabras clave.

| Temas detectados automáticamente |
|---|
| FOSTER-CARE |
| SEXUAL-ABUSE |
| ADOLESCENTS |
| ABUSE |
| STRESS |
| INTERVENTION |
| POLICY |
| EXPERIENCES |
| IMPLEMENTATION |
| CONTEXT |
| ATTITUDES |
| ALCOHOL |
| EMPOWERMENT |
| TURNOVER |
| MARRIAGE |
| AIDS |
| VALIDITY |
| FATHERS |
| INFANTS |
| RACE |
| WELFARE |
| PREDICTORS |

**Tabla 6.** Temas detectados automáticamente

Con el fin de analizar los temas más destacados tratados en "trabajo social" en los últimos 5 años, construimos con SciMAT el diagrama estratégico del área (ver Figuras 1 y 2). Se han representado dos diagramás estratégicos de las temáticas del área. En el primer diagrama, el volumen de las esferas es proporcional al número de documentos relacionados con cada tema (Figura 1) y en el segundo, es proporcional al promedio de citas recibidas por los documentos en cada tema (Figura 2). En el diagrama estratégico de la Figura 1 además hemos incluido en cada tema su impacto mostrando su índice h. Por ejemplo, el tema Foster-Care presenta un índice h de 22, lo que significa que en los documentos que soportan este tema, podemos encontrar que existen solamente 22 documentos con más de 22 citas.

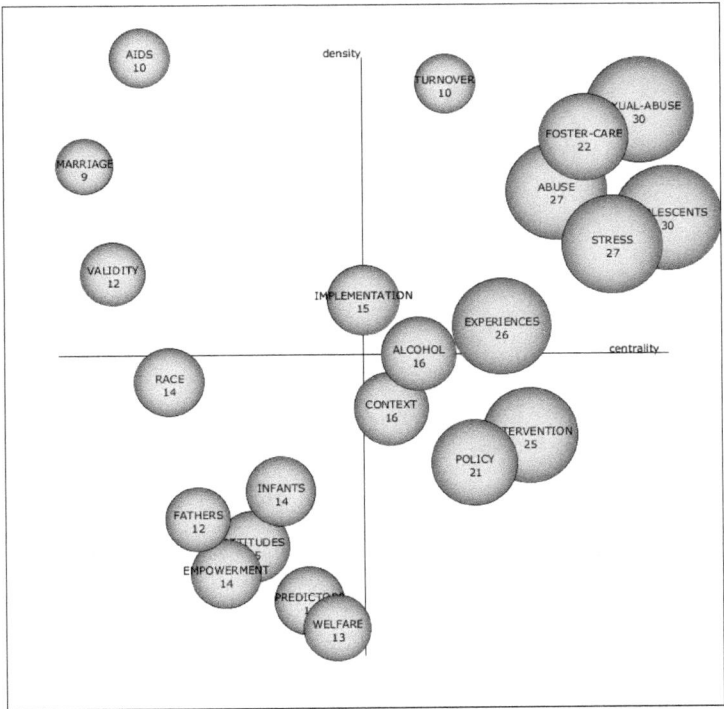

**Figura 1.** Diagrama estratégico de los diferentes temas en base al índice-h

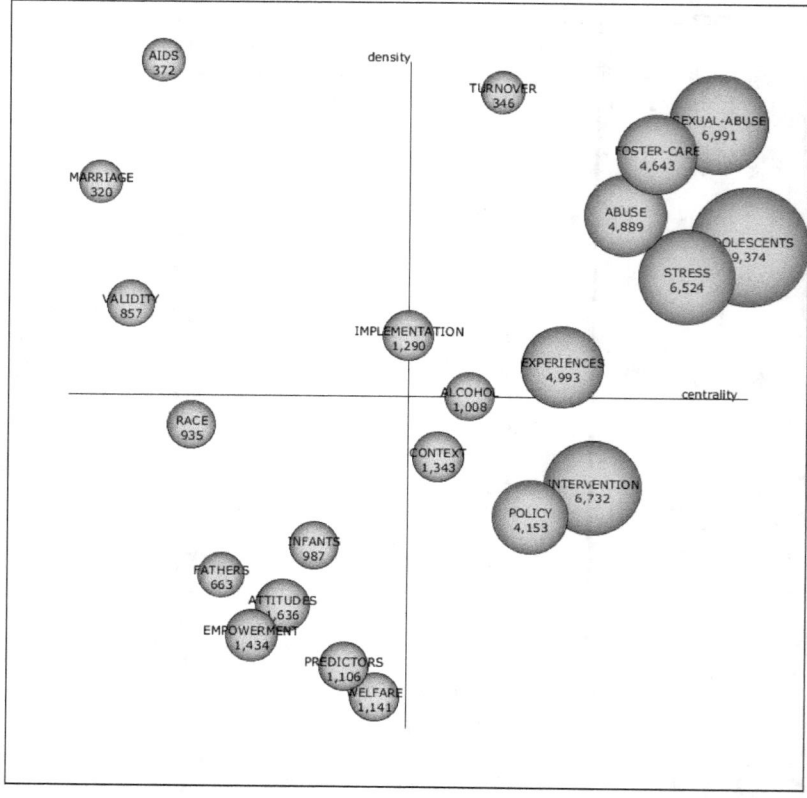

**Figura 2.** Diagrama estratégico de los diferentes temas en base a sus citas.

En el diagrama estratégico, hemos incluido dentro de la esfera el total de citas recibido por los documentos que soportan el tema.

Un breve análisis de los dos diagramas estratégicos nos indica los siguientes resultados:

- Por el índice-h, lo temas ADOLESCENTS (30), SEXUAL-ABUSE (30), ABUSE (27) son los tres temas con índice-h más alto.
- Si tenemos en cuenta las citas, el tema ADOLESCENTS (9374 citas) es el tema más citado, le sigue SEXUAL-ABUSE (6991 citas) y STRESS (6524 citas).
- SEXUAL-ABUSE, FOSTER-CARE, ABUSE, STRESS, ADOLESCENTS, EXPERIENCES, TURNOVER son temas motores ya que presentan una fuerte centralidad y alta

densidad. Por tanto son los temas más importantes del área y en los que más se está trabajando.

- CONTEXT, POLICY, INTERVENTION, son temas básicos y tranversales, por tanto también importantes en las investigaciones recientes.
- AIDS, MARRIAGE, VALIDITY son temas altamente desarrollados y aislados ya que presentan una gran densidad y poca centralidad. Por tanto, son temas importantes pero que despiertan el interés de una pequeña parte de la comunidad científica.
- RACE, FATHERS, INFANTS, ATTITUDES, EMPOWERMENT, PREDICTORS, WELFARE son temas emergente o en descenso porque se caracterizan por tener poca densidad y poca centralidad.

En la Tabla 7 mostramos un resumen de los índices de rendimiento que nos da Scimat.

| Tema | Número Documentos | Indice-h | Promedio Citaciones | Citaciones |
|---|---|---|---|---|
| FOSTER-CARE | 1498 | 22 | 3.09 | 4643 |
| SEXUAL-ABUSE | 1709 | 30 | 4.09 | 6991 |
| ADOLESCENTS | 3019 | 30 | 3.105 | 9374 |
| ABUSE | 1294 | 27 | 3.77 | 4889 |
| STRESS | 2078 | 27 | 3.13 | 6524 |
| INTERVENTION | 2238 | 25 | 3 | 6732 |
| POLICY | 1637 | 21 | 2.53 | 4153 |
| EXPERIENCES | 1553 | 26 | 3.21 | 4993 |
| IMPLEMENTATION | 312 | 15 | 4.13 | 1290 |
| CONTEXT | 370 | 16 | 3.62 | 1343 |

| | | | |
|---|---|---|---|
| **ATTITUDES** | 659 | 15 | 2.48 | 1636 |
| **ALCOHOL** | 301 | 16 | 3.34 | 1008 |
| **EMPOWERMENT** | 545 | 14 | 2.63 | 1434 |
| **TURNOVER** | 138 | 10 | 2.50 | 346 |
| **MARRIAGE** | 97 | 9 | 3.30 | 320 |
| **AIDS** | 143 | 10 | 2.60 | 372 |
| **VALIDITY** | 288 | 12 | 2.97 | 857 |
| **FATHERS** | 231 | 12 | 2.87 | 663 |
| **INFANTS** | 303 | 14 | 3.25 | 987 |
| **RACE** | 316 | 14 | 2.95 | 935 |
| **WELFARE** | 464 | 13 | 2.46 | 1141 |
| **PREDICTORS** | 374 | 14 | 2.95 | 1106 |

**Tabla 7.** Resumen de los datos de Trabajo Social Internacionalmente en los últimos 5 años

Analizando la tabla resumen donde se muestra el número de Documentos, el Índice-h, el Promedio de Citaciones y número de Citaciones, tenemos las siguientes conclusiones:

- SEXUAL-ABUSE y ADOLESCENTS son los temas con mayor índice-h y el tema con menor índice-h es MARRIAGE.
- IMPLEMENTATION es el tema con mayor promedio en citaciones.
- WELFARE es el tema con menor promedio en citaciones.
- El tema más citado es ADOLESCENTS y también es el tema con mayor número de documentos.
- El que menos citaciones presenta es MARRIAGE y es también el que menos documentos presenta.

A continuación, se muestran las redes temáticas de los temas de los temas detectados junto con los tres artículos que por cada tema má citas ha recibido, con objeto de que nos hagamos una idea de los conceptos que sustenta estos temas:

1. El tema **FOSTER-CARE**, cuya red temática se muestra en la Figura 3, está relacionado con las palabras clave (o tema): *KINSHIP-CARE, FAMILY-REUNIFICATION, PERMANENCY, ADOPTION, OUTCOMES, PLACEMENT, YOUTH, CHILD-WELFARE, OUT-OF-HOME-CARE, REUNIFICATION, OF-HOME-CARE.*

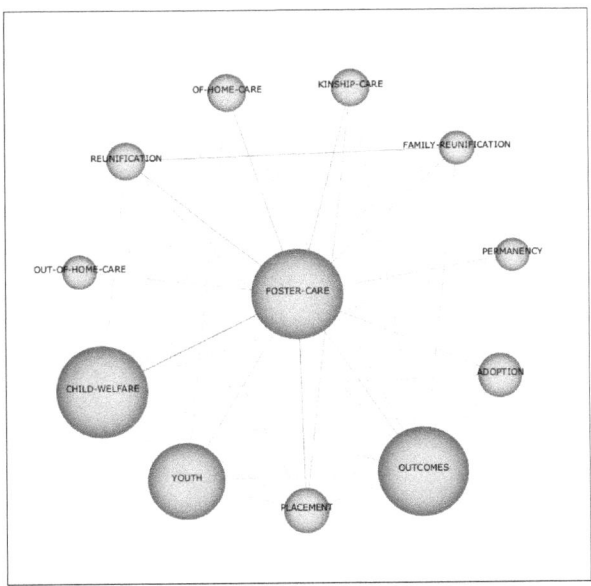

**Figura 3.** Red temática de FOSTER-CARE

Los tres documentos más citados del tema **Foster-Care**:

Oosterman, M, Schuengel, C, Slot, NW, Bullens, RAR, Doreleijers, TAH, Disruptions in foster care: A review and meta-analysis. CHILDREN AND YOUTH SERVICES REVIEW 29:1 53-76 (2007). Times cited: 46

Finkelhor, D, Ormrod, RK, Turner, HA, Lifetime assessment of poly-victimization in a national sample of children and youth. CHILD ABUSE & NEGLECT 33:7 403-411 (2009). Times cited: 37

Duggan, A, Caldera, D, Rodriguez, K, Burrell, L, Rohde, C, Crowne, SS, Impact of a statewide home visiting program to prevent child abuse. CHILD ABUSE & NEGLECT 31:8 801-827 (2007). Times cited: 33

2. El tema **SEXUAL-ABUSE**, cuya red temática se muestra en la Figura 4, está relacionado con las palabras clave (o tema): *VICTIMIZATION, EMOTIONAL-ABUSE, NEGLECT, DISCLOSURE, WOMEN, MALTREATMENT,*

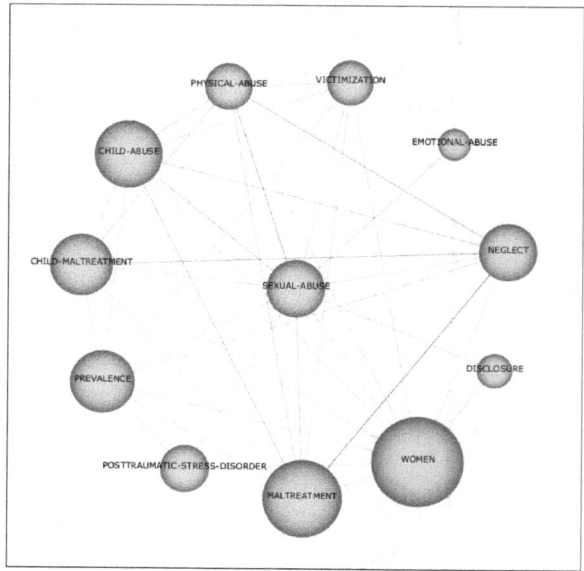

**Figura 4.** Red temática de SEXUAL-ABUSE

Los tres documentos más citados del tema **SEXUAL-ABUSE**:

Holt, S, Buckley, H, Whelan, S, The impact of exposure to domestic violence on children and young people: A review of the literature. CHILD ABUSE & NEGLECT 32:8 797-810 (2008). Times cited: 61

Lansford, JE, Miller-Johnson, S, Berlin, LJ, Dodge, KA, Bates, JE, Pettit, GS, Early physical abuse and later violent delinquency: A prospective longitudinal study. CHILD MALTREATMENT 12:3 233-245 (2007). Times cited: 52

Coulton, CJ, Crampton, DS, Irwin, M, Spilsbury, JC, Korbin, JE, How neighborhoods influence child maltreatment: A review of the literature and alternative pathways. CHILD ABUSE & NEGLECT 31:11-12 1117-1142 (2007). Times cited: 51

3. El tema **ADOLESCENTS**, cuya red temática se muestra en la Figura 5, está relacionado con las palabras clave (o tema): *MENTAL-HEALTH, SUBTANCE-USE, DELINQUENCY, BEHAVIOR, CHILDREN, FAMILIES, PARENTS, RISK, SCHOOL, TRANSITION, YOUNG-ADULTS.*

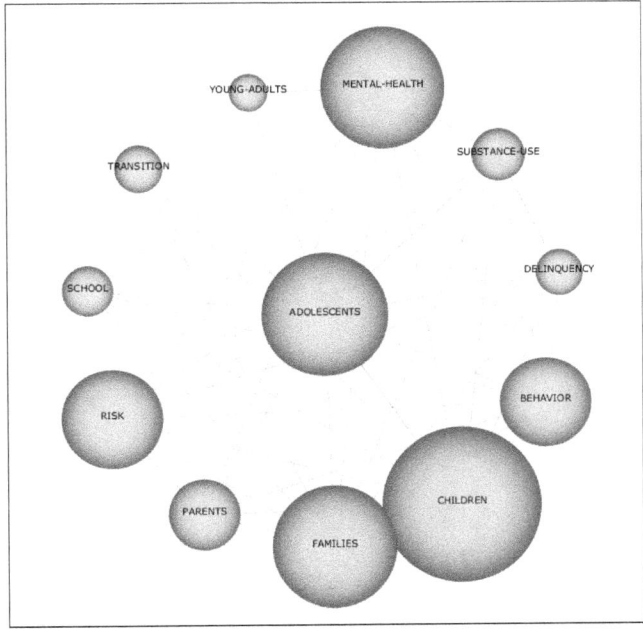

**Figura 5.** Red temática de **ADOLESCENTS**

Los tres documentos más citados del tema **ADOLESCENTS**:

Collishaw, S, Pickles, A, Messer, J, Rutter, M, Shearer, C, Maughan, B, Resilience to adult psychopathology following childhood maltreatment: Evidence from a community sample. CHILD ABUSE & NEGLECT 31:3 211-229 (2007). Times cited: 83

Haber, MG, Cohen, JL, Lucas, T, Baltes, BB, The relationship between self-reported received and perceived social support: A meta-analytic review. AMERICAN JOURNAL OF COMMUNITY PSYCHOLOGY 39:1-2 133-144 (2007). Times cited: 53

Hatch, SL, Dohrenwend, BP, Distribution of traumatic and other stressful life events by race/ethnicity, gender, SES and age: A review of the research. AMERICAN JOURNAL OF COMMUNITY PSYCHOLOGY 40:3-4 313-332 (2007). Times cited: 52

4. El tema **ABUSE**, cuya red temática se muestra en la Figura 6, está relacionado con las palabras clave (o tema): *CHILD-NEGLECT, RISK-FACTORS, RISK-ASSESSMENT, RECURRENCE, DOMESTIC-VIOLENCE, INTIMATE-PARTNER-VIOLENCE, BATTERED-WOMEN, CHILD-PROTECTION, VIOLENCE, SUBSTANTIATION, CHILD-PROTECTIVE-SERVICES.*

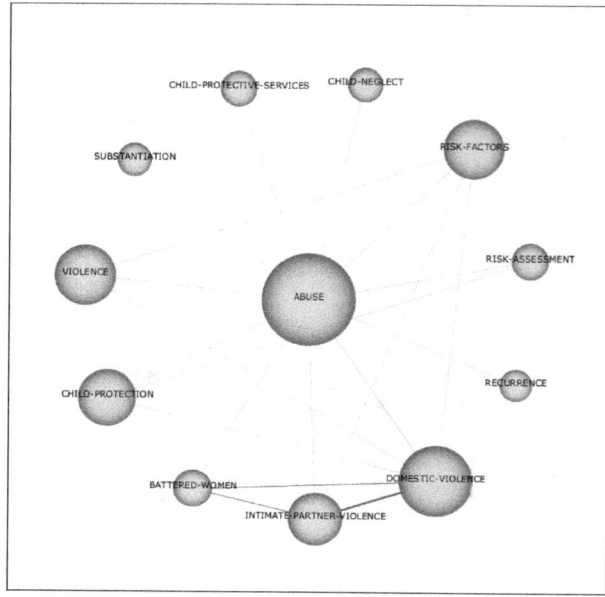

**Figura 6.** Red temática de **ABUSE**

Los tres documentos más citados del tema **ABUSE**:

Holt, S, Buckley, H, Whelan, S, The impact of exposure to domestic violence on children and young people: A review of the literature. CHILD ABUSE & NEGLECT 32:8 797-810 (2008). Times cited: 61

Lansford, JE, Miller-Johnson, S, Berlin, LJ, Dodge, KA, Bates, JE, Pettit, GS, Early physical abuse and later violent delinquency: A prospective longitudinal study. CHILD MALTREATMENT 12:3 233-245 (2007). Times cited: 52

Coulton, CJ, Crampton, DS, Irwin, M, Spilsbury, JC, Korbin, JE, How neighborhoods influence child maltreatment: A review of the literature and alternative pathways. CHILD ABUSE & NEGLECT 31:11-12 1117-1142 (2007). Times cited: 51

5. El tema **STRESS**, cuya red temática se muestra en la Figura 7, está relacionado con las palabras clave (o tema): *BURNOUT, JOB-SATISFACTION, COPING, IMPACT, MOTHERS, SOCIAL-SUPPORT, SUPPORT, ADJUSTMENT, DEPRESSION, HEALTH, PSYCHOLOGICAL-DISTRESS.*

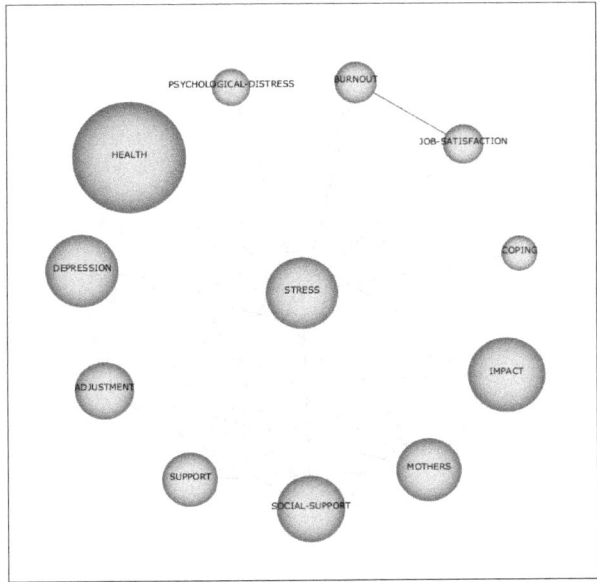

**Figura 7.** Red temática de STRESS

Los tres documentos más citados del tema **STRESS**:

Holt, S, Buckley, H, Whelan, S, The impact of exposure to domestic violence on children and young people: A review of the literature. CHILD ABUSE & NEGLECT 32:8 797-810 (2008). Times cited: 61

Haber, MG, Cohen, JL, Lucas, T, Baltes, BB, The relationship between self-reported received and perceived social support: A meta-analytic review. AMERICAN JOURNAL OF COMMUNITY PSYCHOLOGY 39:1-2 133-144 (2007). Times cited: 53

Lansford, JE, Miller-Johnson, S, Berlin, LJ, Dodge, KA, Bates, JE, Pettit, GS, Early physical abuse and later violent delinquency: A prospective longitudinal study. CHILD MALTREATMENT 12:3 233-245 (2007). Times cited: 52

6. El tema **INTERVENTION** , cuya red temática se muestra en la Figura 8, está relacionado con las palabras clave (o tema): *PREVENTION, CARE, DISSEMINATION, COMMUNICATION, PROGRAM, RANDOMIZED-CONTROLLED-TRIAL, RANDOMIZED-TRIAL, SERVICES, SYSTEMATIC-REVIEW, THERAPY, TRIAL.*

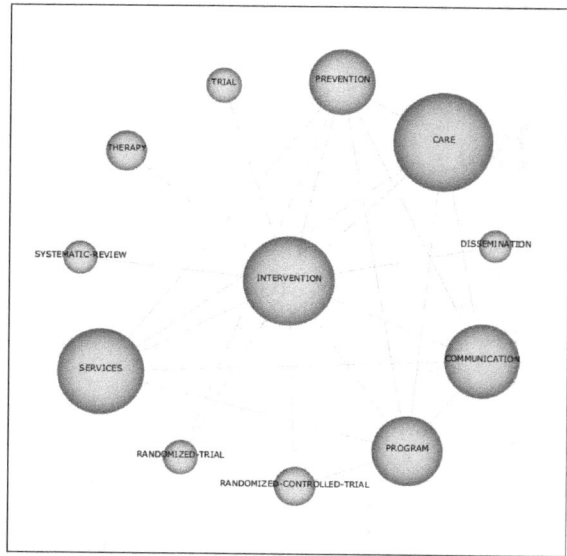

**Figura 8.** Red temática de INTERVENTION

Los tres documentos más citados del tema **INTERVENTION**:

Lundahl, BW, Kunz, C, Brownell, C, Tollefson, D, Burke, BL, A Meta-Analysis of Motivational Interviewing: Twenty-Five Years of Empirical Studies. RESEARCH ON SOCIAL WORK PRACTICE 20:2 137-160 (2010). Times cited: 46

Hawe, P, Shiell, A, Riley, T, Theorising Interventions as Events in Systems. AMERICAN JOURNAL OF COMMUNITY PSYCHOLOGY 43:3-4 267-276 (2009). Times cited: 42

Straus, MA, Dominance and symmetry in partner violence by male and female university students in 32 nations. CHILDREN AND YOUTH SERVICES REVIEW 30:3 252-275 (2008). Times cited: 41

7. El tema **POLICY**, cuya red temática se muestra en la Figura 9, está relacionado con las palabras clave (o tema):

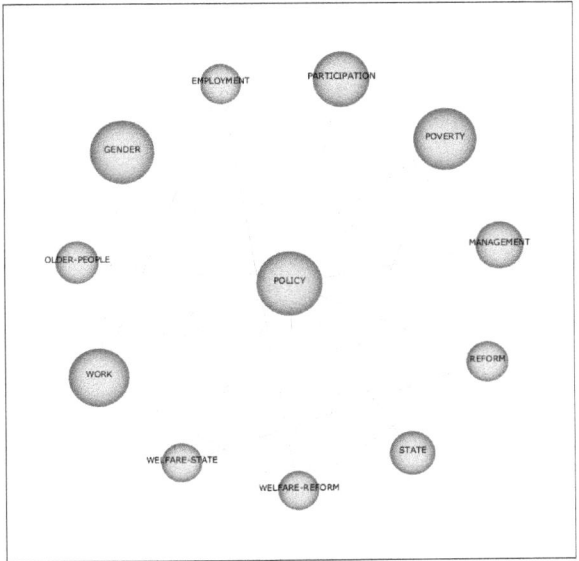

**Figura 9.** Red temática de POLICY

Los tres documentos más citados del tema **POLICY**:

Huebner, AJ, Mancini, JA, Wilcox, RM, Grass, SR, Grass, GA, Parental deployment and youth in military families: Exploring uncertainty and ambiguous loss. FAMILY RELATIONS 56:2 112-122 (2007). Times cited: 39

Arata, CM, Langhinrichsen-Rohling, J, Bowers, D, O'Brien, N, Differential correlates of multi-type maltreatment among urban youth. CHILD ABUSE & NEGLECT 31:4 393-415 (2007). Times cited: 38

Burton, L, Childhood adultification in economically disadvantaged families: A conceptual model. FAMILY RELATIONS 56:4 329-345 (2007). Times cited: 37

8.  El tema **EXPERIENCES**, cuya red temática se muestra en la Figura 10, está relacionado con las palabras clave (o tema):*TRAUMA, CHILD-SEXUAL-ABUSE, DISORDERS, PEOPLE, QUALITY, VICTIMS, EDUCATION, SPIRITUALITY, RELIGION.*

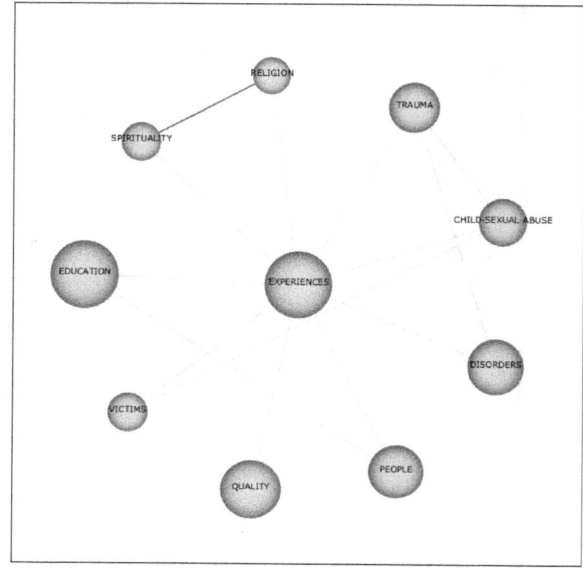

**Figura 10.** Red temática de EXPERIENCES

Los tres documentos más citados del tema EXPERIENCES:

Hatch, SL, Dohrenwend, BP, Distribution of traumatic and other stressful life events by race/ethnicity, gender, SES and age: A review of the research. AMERICAN JOURNAL OF COMMUNITY PSYCHOLOGY 40:3-4 313-332 (2007). Times cited: 52

Finkelhor, D, Ormrod, RK, Turner, HA, Re-victimization patterns in a national longitudinal sample of children and youth. CHILD ABUSE & NEGLECT 31:5 479-502 (2007). Times cited: 51

Bride, BE, Prevalence of secondary traumatic stress among social workers. SOCIAL WORK 52:1 63-70 (2007). Times cited: 46

9. El tema **IMPLEMENTATION**, cuya red temática se muestra en la Figura 11, está relacionado con las palabras clave (o tema): *DIFFUSION, EVIDENCE-BASED-PRACTICE, INNOVATION, FIDELITY.*

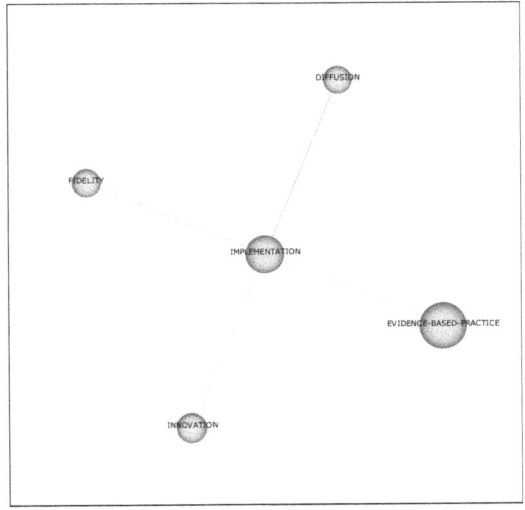

**Figura 11.** Red temática de IMPLEMENTATION

Los tres documentos más citados del tema **IMPLEMENTATION**:

Durlak, JA, DuPre, EP, Implementation matters: A review of research on the influence of implementation on program outcomes and the factors affecting implementation. AMERICAN JOURNAL OF COMMUNITY PSYCHOLOGY 41:3-4 327-350 (2008). Times cited: 163

Wandersman, A, Duffy, J, Flaspohler, P, Noonan, R, Lubell, K, Stillman, L, Blachman, M, Dunville, R, Saul, J, Bridging the gap between prevention research and practice: The interactive systems framework for dissemination and implementation. AMERICAN JOURNAL OF COMMUNITY PSYCHOLOGY 41:3-4 171-181 (2008). Times cited: 72

Fagan, AA, Hanson, K, Hawkins, JD, Arthur, MW, Bridging science to practice: Achieving prevention program implementation fidelity in the community youth development study. AMERICAN JOURNAL OF COMMUNITY PSYCHOLOGY 41:3-4 235-249 (2008). Times cited: 29

10. El tema **CONTEXT**, cuya red temática se muestra en la Figura 12, está relacionado con las palabras clave (o tema):*COLLECTIVE-EFFICACY, CULTURE, ENVIRONMENT, NEIGHBORHOOD*

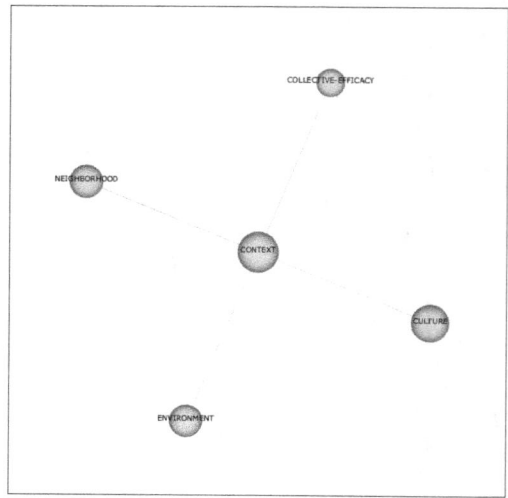

**Figura 12.** Red temática de CONTEXT

Los tres documentos más citados del tema **CONTEXT**:

Coulton, CJ, Crampton, DS, Irwin, M, Spilsbury, JC, Korbin, JE, How neighborhoods influence child maltreatment: A review of the literature and alternative pathways. CHILD ABUSE & NEGLECT 31:11-12 1117-1142 (2007). Times cited: 51

Hawe, P, Shiell, A, Riley, T, Theorising Interventions as Events in Systems. AMERICAN JOURNAL OF COMMUNITY PSYCHOLOGY 43:3-4 267-276 (2009). Times cited: 42

Way, N, Reddy, R, Rhodes, J, Students' perceptions of school climate during the middle school years: Associations with trajectories of psychological and behavioral adjustment. AMERICAN JOURNAL OF COMMUNITY PSYCHOLOGY 40:3-4 194-213 (2007). Times cited: 33

11. El tema **ATTITUDES** , cuya red temática se muestra en la Figura 13, está relacionado con las palabras clave (o tema): *KNOWLEDGE, BELIEFS, PERCEPTIONS, STUDENTS.*

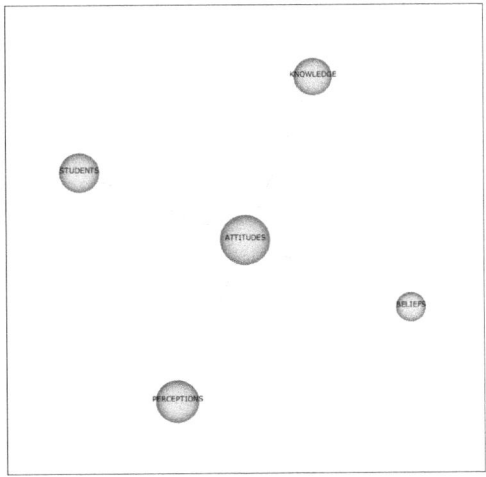

**Figura 13.** Red temática de ATTITUDES

Los tres documentos más citados del tema **ATTITUDES**:

Clemmons, JC, Walsh, K, DiLillo, D, Messman-Moore, TL, Unique and combined contributions of multiple child abuse types and abuse severity to adult trauma symptomatology. CHILD MALTREATMENT 12:2 172-181 (2007). Times cited: 34

Corrigan, PW, How clinical diagnosis might exacerbate the stigma of mental illness. SOCIAL WORK 52:1 31-39 (2007). Times cited: 24

Neale, J, Tompkins, C, Sheard, L, Barriers to accessing generic health and social care services: a qualitative study of injecting drug users. HEALTH & SOCIAL CARE IN THE COMMUNITY 16:2 147-154 (2008). Times cited: 19

12. El tema **ALCOHOL**, cuya red temática se muestra en la Figura 14, está relacionado con las palabras clave (o tema): *SUBSTANCE-ABUSE, DRUG, DRUG-USE*.

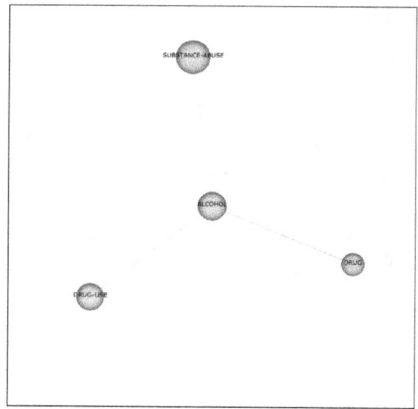

**Figura 14.** Red temática de ALCOHOL

Los tres documentos más citados del tema **ALCOHOL**:

Bride, BE, Prevalence of secondary traumatic stress among social workers. SOCIAL WORK 52:1 63-70 (2007). Times cited: 46

Duggan, A, Caldera, D, Rodriguez, K, Burrell, L, Rohde, C, Crowne, SS, Impact of a statewide home visiting program to prevent child abuse. CHILD ABUSE & NEGLECT 31:8 801-827 (2007). Times cited: 33

Cohen, LR, Hien, DA, Batchelder, S, The impact of cumulative maternal trauma and diagnosis on parenting behavior. CHILD MALTREATMENT 13:1 27-38 (2008). Times cited: 23

13. El tema **EMPOWERMENT**, cuya red temática se muestra en la Figura 15, está relacionado con las palabras clave (o tema): *PYSCHOLOGY, PERSPECTIVE, PARTNERSHIP.*

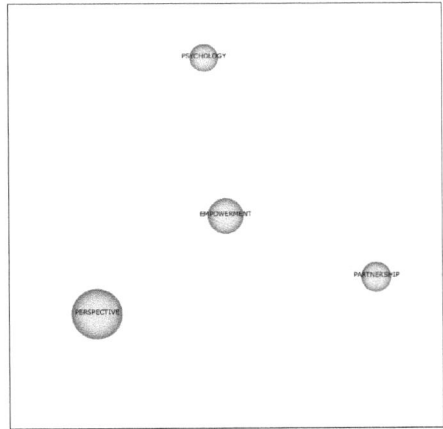

**Figura 15.** Red temática de EMPOWERMENT

Los tres documentos más citados del tema **EMPOWERMENT**:

Campbell, C, Nair, Y, Maimane, S, Building contexts that support effective community responses to HIV/AIDS: a South African case study. AMERICAN JOURNAL OF COMMUNITY PSYCHOLOGY 39:3-4 347-363 (2007). Times cited: 33

Maton, KI, Empowering community settings: Agents of individual development, community betterment, and positive social change. AMERICAN JOURNAL OF COMMUNITY PSYCHOLOGY 41:1-2 4-21 (2008). Times cited: 29

Aspelmeier, JE, Elliott, AN, Smith, CH, Childhood sexual abuse, attachment, and trauma symptoms in college females: The moderating role of attachment. CHILD ABUSE & NEGLECT 31:5 549-566 (2007). Times cited: 22

14. El tema **TURNOVER**, cuya red temática se muestra en la Figura 16, está relacionado con las palabras clave (o tema): *CLIMATE, RETENTION*.

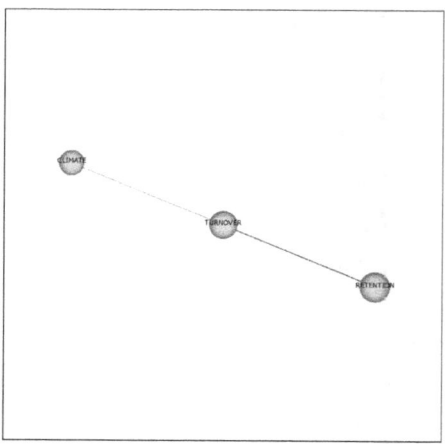

**Figura 16.** Red temática de TURNOVER

Los tres documentos más citados del tema **TURNOVER**:

Ellett, AJ, Ellis, JI, Westbrook, TM, Dews, D, A qualitative study of 369 child welfare professionals' perspectives about factors contributing to employee retention and turnover. CHILDREN AND YOUTH SERVICES REVIEW 29:2 264-281 (2007). Times cited: 21

Tham, P, Why are they leaving? Factors affecting intention to leave among social workers in child welfare. BRITISH JOURNAL OF SOCIAL WORK 37:7 1225-1246 (2007). Times cited: 19

Choi, S, Ryan, JP, Co-occurring problems for substance abusing mothers in child welfare: Matching services to improve family reunification. CHILDREN AND YOUTH SERVICES REVIEW 29:11 1395-1410 (2007). Times cited: 16

15. El tema **MARRIAGE**, cuya red temática se muestra en la Figura 17, está relacionado con las palabras clave (o tema): COHABITATION, COUPLES.

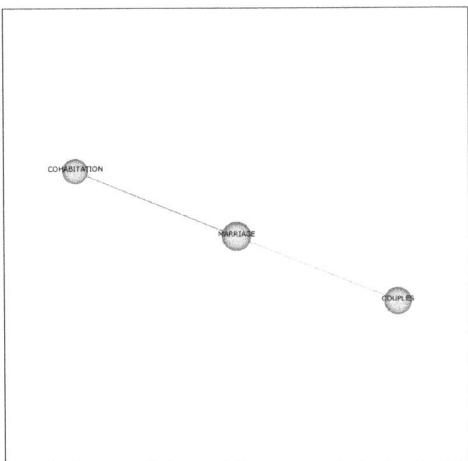

**Figura 17.** Red temática de MARRIAGE

Los tres documentos más citados del tema **MARRIAGE**:

Avery, A, Chase, J, Johansson, L, Litvak, S, Montero, D, Wydra, M, America's changing attitudes toward homosexuality, civil unions, and same-gender marriage: 1977-2004. SOCIAL WORK 52:1 71-79 (2007). Times cited: 23

Roy, K, Burton, L, Mothering through recruitment: Kinscription of nonresidential fathers and father figures in low-income families. FAMILY RELATIONS 56:1 24-39 (2007). Times cited: 19

16. El tema **AIDS**, cuya red temática se muestra en la Figura 18, está relacionado con las palabras clave (o tema): *HIV/AIDS, HIV*.

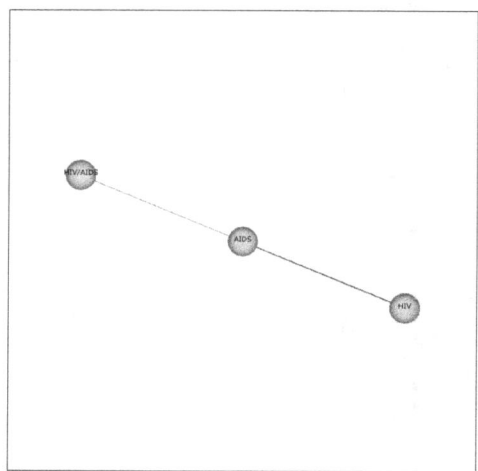

**Figura 18.** Red temática de AIDS

Los tres documentos más citados del tema **AIDS**:

Dworkin, SL, Pinto, RM, Hunter, J, Rapkin, B, Remien, RH, Keeping the spirit of community partnerships alive in the scale up of HIV/AIDS prevention: Critical reflections on the roll out of DEBI (Diffusion of Effective Behavioral Interventions). AMERICAN JOURNAL OF COMMUNITY PSYCHOLOGY 42:1-2 51-59 (2008). Times cited: 25

Gielen, AC, Ghandour, RM, Burke, JG, Mahoney, P, McDonnell, KA, O'Campo, P, HIV/AIDS and intimate partner violence - Intersecting women's health issues in the United States. TRAUMA VIOLENCE & ABUSE 8:2 178-198 (2007). Times cited: 24

Trickett, EJ, Multilevel Community-Based Culturally Situated Interventions and Community Impact: An Ecological Perspective. AMERICAN JOURNAL OF COMMUNITY PSYCHOLOGY 43:3-4 257-266 (2009). Times cited: 18

*17.* El tema **VALIDITY**, cuya red temática se muestra en la Figura 19, está relacionado con las palabras clave (o tema): *RELIABILITY, SCALE.*

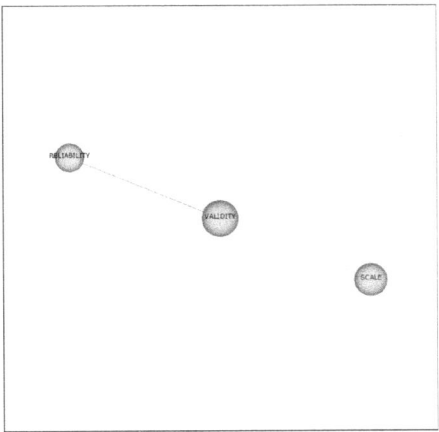

**Figura 19.** Red temática de VALIDITY

Los tres documentos más citados del tema **VALIDITY**:

Haber, MG, Cohen, JL, Lucas, T, Baltes, BB, The relationship between self-reported received and perceived social support: A meta-analytic review. AMERICAN JOURNAL OF COMMUNITY PSYCHOLOGY 39:1-2 133-144 (2007). Times cited: 53

Pears, KC, Kim, HK, Fisher, PA, Psychosocial and cognitive functioning of children with specific profiles of maltreatment. CHILD ABUSE & NEGLECT 32:10 958-971 (2008). Times cited: 27

Rodriguez, N, Mira, CB, Paez, ND, Myers, HF, Exploring the complexities of familism and acculturation: Central constructs for people of Mexican origin. AMERICAN JOURNAL OF COMMUNITY PSYCHOLOGY 39:1-2 61-77 (2007). Times cited: 21

18. El tema **FATHERS**, cuya red temática se muestra en la Figura 20, está relacionado con las palabras clave (o tema): *MEN, INVOLVEMENT*.

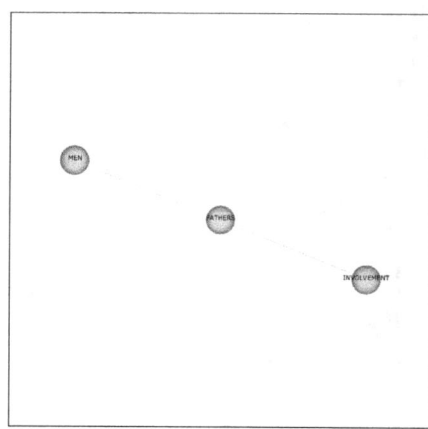

**Figura 20.** Red temática de FATHERS

Los tres documentos más citados del tema **FATHERS**:

Liang, HL, Flisher, AJ, Lombard, CJ, Bullying, violence, and risk behavior in South African school students. CHILD ABUSE & NEGLECT 31:2 161-171 (2007). Times cited: 38

Roy, K, Burton, L, Mothering through recruitment: Kinscription of nonresidential fathers and father figures in low-income families. FAMILY RELATIONS 56:1 24-39 (2007). Times cited: 19

Bennett, LW, Stoops, C, Call, C, Flett, H, Program completion and re-arrest in a batterer intervention system. RESEARCH ON SOCIAL WORK PRACTICE 17:1 42-54 (2007). Times cited: 16

19. El tema **INFANTS**, cuya red temática se muestra en la Figura 21, está relacionado con las palabras clave (o tema): YOUNG-CHILDREN, ATTACHMENT.

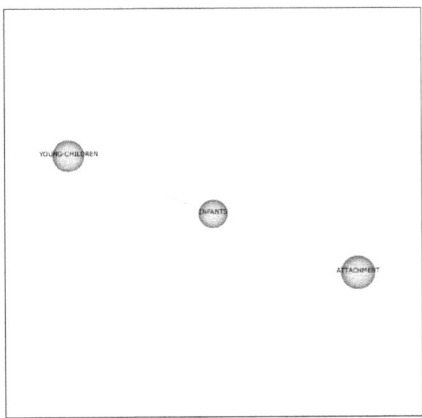

**Figura 21.** Red temática de INFANTS

Los tres documentos más citados del tema **INFANTS**:

Unrau, YA, Seita, JR, Putney, KS, Former foster youth remember multiple placement moves: A journey of loss and hope. CHILDREN AND YOUTH SERVICES REVIEW 30:11 1256-1266 (2008). Times cited: 19

Shaffer, A, Yates, TM, Egeland, BR, The relation of emotional maltreatment to early adolescent competence: Developmental processes in a prospective study. CHILD ABUSE & NEGLECT 33:1 36-44 (2009). Times cited: 14

Fisher, PA, Kim, HK, Pears, KC, Effects of Multidimensional Treatment Foster Care for Preschoolers (MTFC-P) on reducing permanent placement failures among children with placement instability. CHILDREN AND YOUTH SERVICES REVIEW 31:5 541-546 (2009). Times cited: 13

20. El tema **RACE**, cuya red temática se muestra en la Figura 22, está relacionado con las palabras clave (o tema): *ETHNICITY, AFRICAN-AMERICAN*.

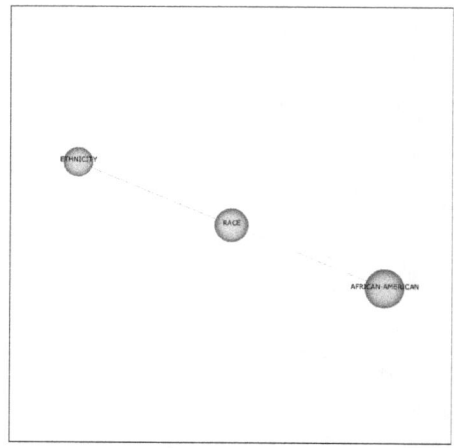

**Figura 22.** Red temática de RACE

Los tres documentos más citados del tema **RACE**:

Bolland, JM, Bryant, CM, Lian, BE, McCallum, DM, Vazsonyi, AT, Barth, JM, Development and risk behavior among African American, Caucasian, and mixed-race adolescents living in high poverty inner-city neighborhoods. AMERICAN JOURNAL OF COMMUNITY PSYCHOLOGY 40:3-4 230-249 (2007). Times cited: 21

Drake, B, Lee, SM, Jonson-Reid, M, Race and child maltreatment reporting: Are Blacks overrepresented. CHILDREN AND YOUTH SERVICES REVIEW 31:3 309-316 (2009). Times cited: 19

Roy, K, Burton, L, Mothering through recruitment: Kinscription of nonresidential fathers and father figures in low-income families. FAMILY RELATIONS 56:1 24-39 (2007). Times cited: 19

21. El tema **WELFARE**, cuya red temática se muestra en la Figura 23, está relacionado con las palabras clave (o tema): *DECISION-MAKING, NEEDS*.

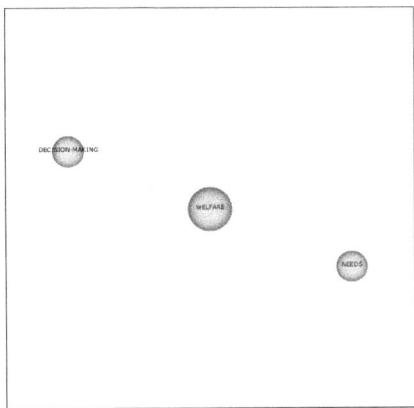

**Figura 23.** Red temática de WELFARE

Los tres documentos más citados del tema **WELFARE**:

Parton, N, Changes in the form of knowledge in social work: From the social to the informational. BRITISH JOURNAL OF SOCIAL WORK 38:2 253-269 (2008). Times cited: 43

Trout, AL, Hagaman, J, Casey, K, Reid, R, Epstein, MH, The academic status of children and youth in out-of-home care: A review of the literature. CHILDREN AND YOUTH SERVICES REVIEW 30:9 979-994 (2008). Times cited: 30

Glendinning, C, Increasing choice and control for older and disabled people: A critical review of new developments in England. SOCIAL POLICY & ADMINISTRATION 42:5 451-469 (2008). Times cited: 24

22. El tema **PREDICTORS**, cuya red temática se muestra en la Figura 24, está relacionado con las palabras clave (o tema): *METAANALYSIS, STABILITY.*

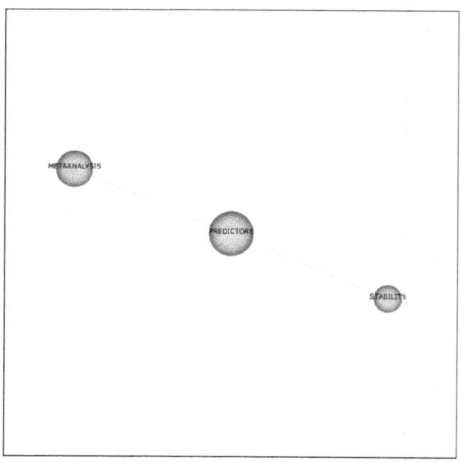

**Figura 24.** Red temática de PREDICTORS

Los tres documentos más citados del tema **PREDICTORS**:

Oosterman, M, Schuengel, C, Slot, NW, Bullens, RAR, Doreleijers, TAH, Disruptions in foster care: A review and meta-analysis. CHILDREN AND YOUTH SERVICES REVIEW 29:1 53-76 (2007). Times cited: 46

Price, JM, Chamberlain, P, Landsverk, J, Reid, JB, Leve, LD, Laurent, H, Effects of a foster parent training intervention on placement changes of children in foster care. CHILD MALTREATMENT 13:1 64-75 (2008). Times cited: 40

DuMont, KA, Widom, CS, Czaja, SJ, Predictors of resilience in abused and neglected children grown-up: The role of individual and neighborhood characteristics. CHILD ABUSE & NEGLECT 31:3 255-274 (2007). Times cited: 39

# 4  Conclusiones

En vista de los resultados presentados sobre la investigación desarrollada internacionalmente en le área de Trabajo Social, podemos extraer las siguientes conclusiones:

- Los pesos pesados, tanto en investigadores como en universidades, en la investigación de Trabajo Social en el área de Trabajo Social siguen estando en USA y en UK. No podemos identicar a ninguna institución española que sobresalga a nivel internacional ni a ningún investigador.

- Los Temas más importantes del área de Trabajo Social que recogen el interés de la comunidad  científica son los siguientes: TURNOVER, ABUSE, FOSTER-CARE, SEXUAL-ABUSE, STRESS, ADOLESCENTS, EXPERIENCES, CONTEXT, POLICY, INTERVENTION.

- La investigación en España en el área de Trabajo Social, como vimos en el previo informe, ha participado en dos de estos temas importantes a nivel internacional: ADOLESCENTS y ABUSE.

- Los cuatro temás siguientes, ABUSE, SEXUAL-ABUSE, STRESS, ADOLESCENTS, tanto desde el punto de vista de la producción como del impacto generado, son los temas mas calientes  y de mayor interés del área de Trabajo Social.

# 5 Bibliografía

1. International Federation of Social Workers. Definition of Social Work (http://ifsw.org/policies/definition-of-social-work/). Retrieved 20-01-2013.

2. International Associations of Schools of Social Work, http://www.iassw-aiets.org/

3. L. Beddoe. Investing in the future: Social workers talk about research. *British Journal of Social Work*, 41 (2011) 557-575.

4. R. M. Grinnell and Yvonne A. U. *Social Work Research and Evaluation: Foundations of Evidence-Based Practice of Evidence-Based Practice.* Oxford UniversityPress, 2008.

5. B.A. Thyer. A note from the editor: A comprehensive listing of social work journals. *Research on Social Work Practice*, 15(4):310{311, 2005.

6. Journal Citation Reports. http://thomsonreuters.com/journal-citation-reports/

7. E. Garfield. Citation analysis as a tool in journal evaluation. *Science, 178* (60)(1972) 417-479.

www.ingramcontent.com/pod-product-compliance
Lightning Source LLC
Chambersburg PA
CBHW062200290526
45791CB00017B/1456